BEI GRIN MACHT SICH IHR WISSEN BEZAHLT

Bibliografische Information der Deutschen Nationalbibliothek:

Die Deutsche Bibliothek verzeichnet diese Publikation in der Deutschen National-
bibliografie; detaillierte bibliografische Daten sind im Internet über http://dnb.d-
nb.de/ abrufbar.

Dieses Werk sowie alle darin enthaltenen einzelnen Beiträge und Abbildungen
sind urheberrechtlich geschützt. Jede Verwertung, die nicht ausdrücklich vom
Urheberrechtsschutz zugelassen ist, bedarf der vorherigen Zustimmung des Verla-
ges. Das gilt insbesondere für Vervielfältigungen, Bearbeitungen, Übersetzungen,
Mikroverfilmungen, Auswertungen durch Datenbanken und für die Einspeicherung
und Verarbeitung in elektronische Systeme. Alle Rechte, auch die des auszugsweisen
Nachdrucks, der fotomechanischen Wiedergabe (einschließlich Mikrokopie) sowie
der Auswertung durch Datenbanken oder ähnliche Einrichtungen, vorbehalten.

Impressum:

Copyright © 1997 GRIN Verlag, Open Publishing GmbH
Druck und Bindung: Books on Demand GmbH, Norderstedt Germany
ISBN: 978-3-640-77562-0

Dieses Buch bei GRIN:

http://www.grin.com/de/e-book/161782/stress-als-lustkiller-einfluesse-der-umwelt-
auf-den-sexualhormonspiegel

Herbert Hofmann

Stress als Lustkiller. Einflüsse der Umwelt auf den Sexualhormonspiegel

GRIN Verlag

GRIN - Your knowledge has value

Der GRIN Verlag publiziert seit 1998 wissenschaftliche Arbeiten von Studenten, Hochschullehrern und anderen Akademikern als eBook und gedrucktes Buch. Die Verlagswebsite www.grin.com ist die ideale Plattform zur Veröffentlichung von Hausarbeiten, Abschlussarbeiten, wissenschaftlichen Aufsätzen, Dissertationen und Fachbüchern.

Besuchen Sie uns im Internet:

http://www.grin.com/

http://www.facebook.com/grincom

http://www.twitter.com/grin_com

Herbert Hofmann

Ausarbeitung des Referats zum Thema
Umwelteinflüsse auf den Sexualhormonspiegel:

Stress

Inhalt

1. Vorbemerkung

In dieser Seminararbeit soll es um Umwelteinflüsse in Form von Stress auf den Sexualhormonspiegel gehen.

Dabei will der Autor methodisch vorgehen und sich zunächst in der Begriffsklärung üben, was trotz der rund 200 000 Arbeiten, die allein in den vergangenen 30 Jahren zum Thema „Stress" erschienen sind[1], nicht ganz unproblematisch ist. Es geht darum, zu klären, was Stress überhaupt ist, welche Konzepte sich in der Stressforschung entwickelt haben, wie dieses Phänomen in der einschlägigen Literatur definiert ist und aus welchen Elementen es sich zusammensetzt.

In einem zweiten Schritt soll gezeigt werden, welche Auswirkungen Stress auf den Sexualhormonspiegel hat. Zu diesem Zweck werden einige relevante Studien aus diesem Gebiet vorgestellt.

Herbert Hofmann   Hamburg, im Mai 1997

---

[1] vgl.: Immelmann/Schererer/Vogel/Schmoock (Hrsg): Psychobiologie - Grundlagen des Verhaltens (1988), S. 290

2. Was ist Stress?

Eigentlich kommt der Begriff „Stress" aus der englischen Sprache. Er bezeichnet eine beliebige Kraft, die auf eine Struktur einwirkt und eine vorübergehende oder bleibende Veränderung derselben bewirkt. „Stress" ist daher ein wichtiger Fachbegriff der Ingenieurwissenschaften, zum Beispiel als Bezeichnung für eine überschwere Last, die auf einen Stahlträger einwirkt und diesen biegt oder verformt. Die Reaktion der Struktur wird als „strain" (Anspannung, Belastung) bezeichnet. Ganz in diesem Sinne wird der Begriff „Stress" bereits im 17. Jahrhundert in der englischen Umgangssprache und auch heute noch bei uns im Alltagsgebrauch im Hinblick auf den Menschen verwendet – als eine unangenehme physische oder psychische Belastung des menschlichen Organismus. Auch in Psychologie, Psychiatrie und Soziologie wird der Begriff bis heute vielfach noch in dieser verhältnismäßig vagen Bedeutung verwendet – als eine das Individuum oder eine Gruppe schädigende Belastung. Als Fachterminus der biomedizinischen Literatur wurde der Begriff „Stress" 1950 von dem kanadischen Endokrinologen (Endokrinologie = Lehre von der Funktion endokriner Drüsen) Hans Selye eingeführt und hat seither Eingang in nahezu sämtliche Sprachen gefunden. Selye führte damals eine nicht unumstrittene Definition für „Stress" ein. Sie lautet:[2]

„Stress ist die unspezifische Reaktion des Organismus auf jede Anforderung."[3]

Selye fasst unter dem Begriff „Stress" also nicht die Belastungen zusammen, die auf den Organismus einwirken, sondern vielmehr die

---

[2] vgl. Immelmann/Schererer/Vogel/Schmoock (Hrsg): Psychobiologie - Grundlagen des Verhaltens (1988), S.290
[3] ebd. S.290

physiologischen Reaktionen des Organismus selbst. Das „Unspezifische" dabei, so Selye, sind die immer gleichen Reaktionen, die im Organismus ablaufen, selbst dann, wenn die belastenden Einwirkungen ganz verschiedener Art sind.

2.1. Über Stressoren

Alle Reize, die diese unspezifische Stressreaktion des Organismus auslösen, werden nach Selye als „Stressoren" bezeichnet. Das können große Hitze oder Kälte, Sauerstoffmangel, giftige Chemikalien, Infektionen oder schwere körperliche Anstrengungen sein, aber auch starke Aufregungen, Angst, Wut oder selbst große Freude.[4]

Allerdings ist eine Analyse und das Erforschen von Kausalbeziehungen zwischen dem, was unter unseren heutigen Alltagsbedingungen als Belastung, also als Stressor wirkt, und den möglicherweise erst langfristig eintretenden Folgen außerordentlich erschwert; zudem lebt jedes Individuum in einer anderen sozialen Umwelt und erfasst, bewertet und verarbeitet selbst ein und dieselbe Umweltsituation unterschiedlich. Entsprechend verschieden sind die auch die zur Debatte stehenden Stresskonzepte. Ein erstes Modell haben die amerikanischen Psychologen Thomas Holmes und Richard Rahe in Form eines LebensStress-Inventars zusammengestellt. Ihrer Hypothese nach ergebe sich die krankheitsfördernde Belastung eines Individuums aus der Summe der von ihr innerhalb eines bestimmten Zeitraumes erlebten Lebensereignisse, wobei diese je nach Auswirkung auf das weitere Individuum mit 11-100 Punkten gewertet wurden.[5]

---

[4] vgl. Immelmann/Schererer/Vogel/Schmoock (Hrsg): Psychobiologie - Grundlagen des Verhaltens (1988), S. 290
[5] vgl. ebd., S. 307f

2.2. Das AAS

Wie geht der Organismus mit Stress um? Die Stressreaktionen des
Organismus hat Selye bereits 1936 insgesamt als das „Allgemeine
Anpassungssyndrom" (AAS) bezeichnet. Der Organismus soll danach
auf starke Belastungen hin in einer bestimmten, immer gleichen
Weise mit physiologischen Veränderungen reagieren – er passt sich
der neuen Situation an. Die drei aufeinander folgenden
Reaktionsphasen sind folgendermaßen zu unterscheiden:

• Alarmreaktion: Innerhalb kürzester Zeit nach Einsetzen eines
Stressors werden die Abwehrkräfte des Organismus aktiviert. Ist der
Stressor zu stark (z. B. eine extreme Temperatur oder Vergiftung), so
stirbt das Individuum während dieser Alarmphase innerhalb von
Stunden bis Tagen. Ist die Belastung jedoch nicht so übermäßig, so
folgt auf diese einleitende, den gesamten Organismus aktivierende
Phase, das nächste Stadium.

• Widerstandsstadium: Die typischen physiologischen Veränderungen
der Alarmreaktion verschwinden weitgehend, und der Organismus
stellt sich auf einen neuen Gleichgewichtszustand ein, wobei die
Widerstandskraft gegenüber dem Stressor erhöht ist. Ist jedoch der
Stressor sehr stark und wirkt er über einen längere Zeit ein, dann
versagen früher oder später die Anpassungsmechanismen, und es
folgt eine dritte Phase.

• Erschöpfungsstadium: Die Symptome der Alarmreaktion stellen sich
wieder ein, sind aber nicht mehr rückgängig zu machen, und das
Individuum stirbt.[6]

---

[6] vgl.: Immelmann/Schererer/Vogel/Schmoock (Hrsg): Psychobiologie - Grundlagen des Verhaltens (1988), S. 292 f

2.3. Physiologische Reaktionen auf Stress

Selye hat in seinem ursprünglichen Konzept die besondere Bedeutung der Nebennierenrinde für die Stressreaktion betont. Er nahm an, dass die Hypophyse die Nebennierenrinde aktiviert (man spricht daher von der Hypophysen-Nebennierenrinden-Achse), und dass die dann hierauf folgenden physiologischen Umstellungen als die zentralen Reaktionen anzusehen sind, die das AAS ausmachen. Später wurden allerdings weitere physiologische Reaktionsmöglichkeiten gefunden. Inzwischen gibt es keinen Hormonkomplex mehr, der nicht im Zusammenhang mit Stress untersucht worden ist. Die Stressreaktion eines Organismus wird daher heute nicht mehr als unspezifische Reaktion eines einzelnen endokrinen Systems und seiner Auswirkungen angesehen, sondern:

„Stressreaktion ist die Gesamtreaktion des Organismus, an der die verschiedensten nervösen und hormonellen Vorgänge beteiligt sind."[7]

Neben dem Hypophysen-Nebenrinden-System ist für die Stressreaktion noch ein zweites physiologisches Regelungssystem von herausragender Bedeutung: das Sympathicus-Nebennierenmark-System. Zwei Stresskonzepte kommen hier zum Tragen:

• Zum einen die von Selye beschriebene Stressreaktion mit vorwiegender Aktivierung der Nebennierenrinde durch Hypophysen-Hormone. Dieses Reaktionsmuster tritt häufig bei dem Fehlen jeder Kontrollmöglichkeit und passivem Erdulden der Belastung ein und dürfte mit dem Gefühl der „Hilflosigkeit" oder „Depression" einhergehen. Man spricht daher vom „passiven" Stress.

• Im zweiten Falle wird über den Sympathicus, also über das vegetative Nervensystem, das Nebennierenmark zur Hormonausschüttung veranlasst, welche „Kampf- oder Fluchtreaktionen"

---

[7] Immelmann/Schererer/Vogel/Schmoock (Hrsg): Psychobiologie - Grundlagen des Verhaltens (1988),, S. 291

bewirken können. Das von dem amerikanischen Endokrinologen W.B. Cannon beschriebene Reaktionsmuster tritt häufig bei einer aktiven Auseinandersetzung mit der belastenden Situation auf und geht oft mit Emotionen wie „Angst" oder „Wut" einher. Man spricht vom „aktiven" Stress.[8]

Diese beiden Systeme wirken vielfach zusammen. Sie werden beim Einsetzen einer Belastung augenblicklich aktiviert.

Wird der Körper also von einem Reiz betroffen, dann wird über das limbische System und dem Hypothalamus die Hypophyse zur Ausschüttung von Adrenocorticotropen Hormon (ACTH) angeregt, welches in der Nebennierenrinde rasch die Bildung von Glucocorticoiden und in geringerem Ausmaße von Sexualhormonen stimuliert.[9] Das Nebennierenmark gibt unmittelbar Adrenalin und Noradrenalin ans Blut ab. Dies führt innerhalb kürzester Zeit zu einem beschleunigten und kräftigeren Herzschlag, einem Anstieg des Blutdruckes, einer vertieften und beschleunigten Atmung; gleichzeitig wird die Durchblutung der Skelettmuskulatur verstärkt, während Magen-Darm-Trakt und Nieren vermindert durchblutet werden. Der für die Energieversorgung des Körpers notwendige Blutzucker wird aus der Leber freigesetzt sowie Körpereiweiß in Zucker umgewandelt und in der Leber als schnell freisetzbares Glykogen deponiert. Daneben steigt die Gerinnungsfähigkeit des Blutes an, und Immun- und Entzündungsreaktionen werden vermindert. Diese erste sogenannte Alarmphase ist also durch eine mehr oder minder starke Aktivierung des Organismus gekennzeichnet, während gleichzeitig Aufbau von Körpersubstanz und Funktion der Gonaden gehemmt sind. Der Organismus wird daher optimal auf eine schwere körperliche Arbeit vorbereitet, wie beispielsweise auf Kampf oder Flucht.[10]

---

[8] ebd., S. 304
[9] vgl. Mörike/Betz/Mergentaler: Biologie des Menschen, (1991), 16-21
[10] vgl. Immelmann/Scherer/Vogel/Schmoock (Hrsg): Psychobiologie - Grundlagen des Verhaltens (1988), S. 291

3. Studien

3.1. Sexualhormone des Mannes und Stress

Physischer wie auch psychischer Stress können vorübergehend den Plasma-Testosteronspiegel beeinflussen. Physische Belastungen bei Hochleistungssportlern und nicht-trainierten Studenten brachten nach Sutton et al. (1973) eine Erhöhung des Plasma-Testosteronspiegels mit sich. Kuoppasalmi et al. (1978) stellten bei ihren Probanden, die drei Kurzstreckenläufe absolvierten, sofort nach dem Lauf eine 13%ige Erhöhung des Plasma-Testosteronspiegels fest; danach waren die Werte drei Tage lang niedriger als nach einem Kontrolltag ohne Übungslauf. Bei Marathonläufern maßen Dessypris et al. (1976) bei der Mehrzahl der Läufer einen 60%igen Abfall des Plasma-Testosteronspiegels während und nach dem Lauf. Für diese uneinheitlichen Ergebnisse kann es eine Reihe von Gründen geben: Je nach Untersuchungsdesign variierten Art und Dauer der körperlichen Betätigung, körperliche Fitness der Probanden, Zeitpunkt der Blutabnahme und möglicherweise auch der Grad der psychischen Belastung bei einer sportlichen Übung. So vermuteten Dessypris und seine Mitarbeiter auch, dass ein Marathonlauf mit dem psychischen und physischen Stress bei Kampfbedingungen im Krieg zu vergleichen sei. Denn psychischer Stress führte in Verbindung mit körperlicher Anstrengung zu einer deutlichen Erniedrigung des Testosteronspiegels, wie Rose et al. (1969) und Kreuz et al. (1972) bei Soldaten unter Trainings- und Kampfbedingungen feststellten und Masumoto et al. (1970) bei Patienten nach einem operativen Eingriff beobachten konnten.[11]

Ziel einer im Herbst 1982 an 33 gesunden Männern (23 Studenten der Hamburger Universität und zehn wehrpflichtige Soldaten) im

Durchschnittsalter von 25 Jahren durchgeführten Studie von Christiansen/Knussmann/Couwenbergs war es, bei gesunden jungen Männern, die nicht in einer Extremsituation leben, sondern ihr normales Leben weiterführen, die Bedeutung u.a. (...) physischen und psychischen Stresses für die Konzentration verschiedener Sexualhormone zu untersuchen. Im einzelnen waren dies die Hormone:

- Testosteron im Blutplasma = TB
- Testosteron im Speichel = TSP
- Dyhydrotestosteron = DHT
- Östradiol = Ö

Von Interesse war dabei sowohl die intraindividuelle Analyse als auch die Frage, ob es einen interindividuellen Zusammenhang zwischen den durchschnittlichen Werten von TB, TSP, DHT und Ö und den durchschnittlichen Ausprägungen der möglichen Einflussfaktoren gibt.

Zunächst machten sich die Wissenschaftler ein Bild davon, welchen Stress die Probanden bereits vor Untersuchungsbeginn ausgesetzt waren. Sie wurden u.a. mittels eines Stressfragebogens über seelische und körperliche Belastungen der vergangenen 14 Tage und ihren Umgang damit befragt. Es ging darum, länger andauernde Stressoren zu erfassen, die zusätzlich zu den täglichen Ereignissen den menschlichen Organismus beeinflussen können.

Während des zweiwöchigen Untersuchungszeitraumes führten die Probanden täglich über ihre Ernährung, ihr Sexualverhalten, Schlafdauer, Arbeitszeiten und weitere psychische, psychosomatische und somatische Belastungen genau Protokoll. Dabei beurteilten die Probanden ihren täglichen Stress anhand einer Checkliste, auf der drei psychosomatische, 18 somatische und 33 psychische Stressoren aufgeführt waren. Den Probanden wurde während des

---

[11] vgl. K. Christiansen/R. Knussmann/C.Couwenbergs: Zusammenhänge zwischen Sexualhormonen des Mannes und Ernährung, Streß und Sexualverhalten, Sonderdruck aus „Homo", 35. Band, 3.-4. Heft, 1984, S. 252f.

Untersuchungszeitraumes in regelmäßigen Abständen Blut aus einer Armvene und Speichelproben abgenommen.

Bei der Auswertung der Blutproben zeigte sich, trotz oder wegen aller individueller Schwankungen:

• dass psychischer Stress (z.B. Tod eines nahestehenden Menschen, Wechsel der Wohnumgebung, finanzielle Probleme, Prüfungen, Beginn oder Ende einer Partnerschaft, sexuelle Probleme, ernste Auseinandersetzungen mit Familie, Kollegen oder Freunden, Unzufriedenheit, Überforderung im beruflichen und privaten Bereich) mit dem Bezugsmaß TSP/TB korreliert. D.h.: Je größer die seelische Anspannung und Belastung bei einem Probanden war, um so mehr stieg die TSP- (freies Testosteron) im Vergleich zur TB-Konzentration. Dies zeigte auch eine 1985 an 20 jungen und gesunden Männern durchgeführte Studie (Hellhammer/Hubert/Schürmeyer)[12], denen fünf verschiedene Filme vorgeführt wurden, deren Inhalte erotisch, sexuell anregend, aggressiv, stressvoll und „normal" waren. Hier kam es 15 Minuten nach Filmbeginn zu einem Anstieg von TSP bei den Filmen mit erotischen und sexuellen Inhalten und zu einem Abfall von TSP beim Anblick des Filmes über eine zahnmedizinische Behandlung. Keine Veränderungen bewirkten die Filme mit aggressiven und neutralen Inhalten. Außerdem gab es keine Unterschiede zwischen den TSP-Spiegeln vor und nach den Filmen, gleich welchen Inhaltes.

• dass somatischer Stress in Form von Freizeit-Sport nicht signifikant den Sexualhormonspiegel verändert (obwohl der TB-Spiegel in Anlehnung an die Ergebnisse von Kuoppsalmi et al. niedriger hätte sein sollen). Allerdings sind die Studien schon aufgrund der Art der sportlichen Aktivität nicht vergleichbar. Körperlicher Stress, ausgelöst durch häufig ganz alltägliche Stressoren wie die Einnahme von bestimmten Medikamenten, akute oder chronische

Erkrankungen, Verwendung von Rauschgiften, Infektionen, Vergiftungen, Verletzungen, Allergien, Unfälle, starke Schmerzen, Rauchen von mehr als 20 Zigaretten täglich, Höhensonne, starke Luftdruckveränderungen und Schicht- bzw. Wechseldienst, wenig Schlaf, aber auch psychosomatische Stressoren wie Reisen oder längere Autofahrten stehen mit den Androgenen TB und TSP in signifikant positiven Zusammenhang: Mit zunehmenden körperlichen Stress steigt die TB-Konzentration; allerdings wird das TB nicht im gleichen Maße in DHT umgewandelt. Weitgehend unabhängig von diesen Stressfaktoren scheint der Ö-Spiegel zu sein.

Insgesamt lässt sich sagen, dass das Ausmaß des alltäglichen psychosomatischen und somatischen Stresses offensichtlich andere Qualitäten und Folgen hat, als außergewöhnlicher Stress wie Operationen oder Kampf-, bzw. Trainingsbedingungen bei Soldaten. Salopp ausgedrückt: Mäßiger Alltagsstress erhöht beim Mann den Testosteronspiegel, ungewöhnlich starker Stress lässt ihn sinken.[13]

3.1. Sexualhormone der Frau und Stress

1989 wurden in Belgien bei einer Studie (Demyttenaere et al.)[14] 30 Frauen, die sich im Universitätskrankenhaus Gasthuisberg in Leuven künstlich befruchten bzw. einer In-Vitro-Fertilisation unterzogen hatten, unter emotionalen Stress gesetzt, indem man ihnen einen Film über Unfruchtbarkeit, Schwangerschaft und Geburt zeigte. Auf psychischer Ebene korrelierte die Angst der Frauen mit der Stärke des Stressors, jedoch war der Umgang mit der Angst individuell verschieden. Die Studie zeigte auch, dass die Konzentrationen von Prolactin, Cortisol und Testosteron zwar nicht mit der Stärke des Stressors korrelierten, sich aber veränderten, je nachdem wie die

[12] Dirk H. Hellhammer/Walter Hubert/Thomas Schürmeyer: Changes In Salvia Testosterone After Psychological Stimulation In Men, Psychoneuroendcrinology, Vol 10, No 1, pp 77-81, 1985.
[13] vgl. K. Christiansen/R. Knussmann/C.Couwenbergs: Zusammenhänge zwischen Sexualhormonen des Mannes und Ernährung, Streß und Sexualverhalten, Sonderdruck aus „Homo", 35. Band, 3.-4. Heft, 1984, S. 252f.

[14] Koen Demyttenaere/Piet Nijs/Gerry Evers-Kiebooms/Philippe R. Koninckx: The effect of a specific emotional stressor on prolactin, cortisol, and testosterone concentrations in women varies with their trait anxiety, Fertility and Sterility, Vol. 52, 6. December 1989, S. 942f.

Frauen mit ihrer Angst umgingen. So fielen der Prolactin- und der Cortisolspiegel bei den ängstlicheren Frauen auch in der Ruhephase nach der Filmvorführung kontinuierlich, während er bei den weniger ängstlichen Frauen stieg. Der Testosteron-Spiegel blieb während des gesamten Experimentes bei den ängstlichen Frauen mehr oder weniger stabil, während er bei den weniger ängstlicheren Frauen grundsätzlich niedriger war, aber während und nach dem Test signifikant anstieg. Dieses Ergebnis verwundert, doch könnte eine Erklärung folgendermaßen aussehen: So haben die ängstlicheren Frauen ihre Hormone nicht in der konkreten Stress-Situation ausgeschüttet, sondern bereits davor in Erwartung Stressvoller Situationen. Wohingegen weniger ängstliche und gesündere Frauen auf Stress-Situationen direkt mit höheren Hormonwerten reagieren.

Eine 1979 am Institut für Anthropologie in New Mexico durch-geführte Studie (Purifoy/Koopmans)[15] an 55 Frauen hat gezeigt, dass die Konzentrationen von Androsteron (A) im Blut, Testosteron (T), Bluttestosteron (TB) und freies Tostesteron (TF) in Korrelation mit dem ausgeübten Beruf steht. So sind die Konzentrationen von A, T und TF bei Studentinnen, Selbstständigen, Managerinnen und Technikerinnen höher als bei Hausfrauen und Frauen, die geistig tätig sind. A und TF korrelieren außerdem signifikant mit Berufen, die mit Menschen zu tun haben und T mit Berufen, die mit Dingen zu tun haben. Diese Ergebnisse legen nahe, dass der Hormonhaushalt sowohl biologisch als auch durch die Umwelt beeinflusst wird. Die Autoren der Studie halten es für möglich, dass genetisch bedingte verstärkte Androgenausschüttungen in Beziehung zu einer Karriereorientierung bei Frauen stehen. Sie nennen in diesem Zusammenhang beispielsweise Charaktereigenschaften, die in unserer Kultur mit dem Etikett „maskulin" versehen sind, Selbstbewusstsein oder das Streben nach Unabhängigkeit. Darüber hinaus kann sowohl positiver wie negativer Stress in einem Beruf Androgenausschüttungen sowohl stimulieren als auch verhindern.

4. Literatur

- Dirk H. Hellhammer/Walter Hubert/Thomas Schürmeyer: Changes In Salvia Testosterone After Psychological Stimulation In Men, Psychoneuroendcrinology, Vol 10, No 1, pp 77-81, (1985).

- Frances E. Purifoy/Lambert H. Koopmans: Androstenedione, Testosterone, and Free Testosterone Concentration in Women of Various Occupations, Social Biology, Vol. 26, No. 3, , S. 179f. (1979).

- Immelmann/Schererer/Vogel/Schmoock (Hrsg): Psychobiologie - Grundlagen des Verhaltens (1988).

- K. Christiansen/R. Knussmann/C.Couwenbergs: Zusammenhänge zwischen Sexualhormonen des Mannes und Ernährung, Stress und Sexualverhalten, Sonderdruck aus „Homo", 35. Band, 3.-4. Heft, S. 252f. (1984).

- Koen Demyttenaere/Piet Nijs/Gerry Evers-Kiebooms/Philippe R. Koninckx: The effect of a specific emotional stressor on prolactin, cortisol, and testosterone concentrations in women varies with their trait anxiety, Fertility and Sterility, Vol. 52, (6. December 1989)

- Mörike/Betz/Mergentaler: Biologie des Menschen, (1991).

---

[15] Frances E. Purifoy/Lambert H. Koopmans: Androstenedione, Testosterone, and Free Testosterone Concentration in Women of Various Occupations, Social Biology, Vol. 26, No. 3, 1979, S. 179f.